AF313661

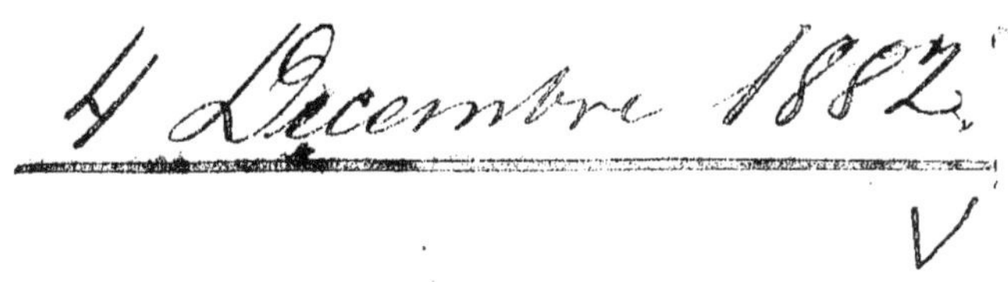

Vente des Lundi 4 et Mardi 5 Décembre 1882,
HOTEL DROUOT, SALLE N° 8.

OBJETS D'AMEUBLEMENT

ET

DE CURIOSITÉ

DIAMANTS, BIJOUX, ARGENTERIE ANCIENNE,

BRONZES,

MEUBLES ANCIENS ET MODERNES,

TAPISSERIES ET TENTURES,

TABLEAUX

EXPOSITION PUBLIQUE

LE DIMANCHE 3 DÉCEMBRE 1882

De une heure à cinq heures.

COMMISSAIRE-PRISEUR

Me PAUL CHEVALLIER, Succ^r de M^e CH. PILLET

10, rue de la Grange-Batelière

M. CH. MANNHEIM, EXPERT, 7, rue St-Georges.

IMPRIMERIE PILLET ET DUMOULIN

Rue des Grands-Augustins, 5, à Paris.

OBJETS

D'AMEUBLEMENTS

CATALOGUE DES OBJETS

D'AMEUBLEMENT

ET DE CURIOSITÉ

Diamants, Bijoux anciens, Argenterie,
Bronzes d'art et d'ameublement,
Pendules, Candélabres, Cartels, Lustres, Torchères, Chenets,
Piédestal Louis XVI en marbre ; Instruments de musique,
Armes, Verrerie, Objets variés,

MEUBLES ANCIENS ET MODERNES

Régulateur Louis XIV, Bureau Louis XV, Commodes,
Consoles, Meubles de salon et de salle à manger.

Tapisseries, Tentures

TABLEAUX

DONT LA VENTE AURA LIEU

HOTEL DROUOT, SALLE Nº 8

Les Lundi 4 et Mardi 5 Décembre 1882, à deux heures.

COMMISSAIRE-PRISEUR

Mᵉ PAUL CHEVALLIER, Succʳ de Mᵉ CH. PILLET

10, rue de la Grange-Batelière,

M. CH. MANNHEIM, Expert, 7, rue St-Georges,

Chez lesquels se trouve le présent Catalogue.

EXPOSITION PUBLIQUE : Le Dimanche 3 Décembre 1882, de 1 heure à 5 heures

CONDITIONS DE LA VENTE

Elle sera faite au comptant.

Les adjudicataires payeront *cinq pour cent* en sus des enchères.

L'exposition mettant le public à même de se rendre compte de l'état des objets, il ne sera admis aucune réclamation une fois l'adjudication prononcée.

Paris. — Typ. PILLET et DUMOULIN, 5, rue des Grands-Augustins.

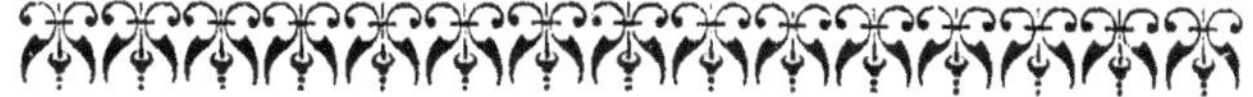

DÉSIGNATION DES OBJETS

DIAMANTS ET BIJOUX

1 — Bracelet en or orné de sept beaux saphirs et de huit brillants montés à griffes.

2 — Bracelet composé de trente brillants montés sur or.

3 — Bracelet composé de trente et un brillants.

4 — Papillon orné de cinq saphirs, un rubis et sept brillants, de couleurs montés sur or. Cette pièce peut servir également de broche et d'épingle à cheveux.

5 — Marguerite en brillants et roses montés sur or et argent. Pouvant servir de broche et d'épingle à cheveux.

6 — Paire de boucles d'oreilles formée de deux solitaires. Monture ancienne en or et en argent.

7 — Paire de boucles d'oreilles ornées chacune d'un beau saphir entouré d'un rang de brillants et d'un rang de roses.

8 — Bague en forme de cœur composée d'une émeraude forme poire entourée de brillants.

9 — Bague marquise ornée de quatre beaux rubis et de roses.

10 — Broche porte-bouquet formée d'un serpent enroulé en brillants, ornée d'une belle émeraude.

11 — Médaillon en or découpé à jour et émaillé à fleurs et insecte.

12 — Épingle de cravate formée d'une tortue ornée d'un grenat cabochon et de roses.

13 — Une breloque cassolette formée d'une tête de mort en or avec yeux en rubis.

14 — Épingle de cravate formée d'une araignée sur sa toile en or, ornée d'un rubis et d'un petit brillant.

15 — Épingle de cravate, formée d'un singe jouant du violoncelle, en or ciselé.

BIJOUX ANCIENS

16 — Belle bague Louis XIII ornée d'un brillant.

17 — Jolie petite montre Louis XV en or avec boîtier, décoré d'un médaillon ovale représentant « *L'oiseau apprivoisé* », finement peint sur émail et entouré d'une guirlande de fleurettes également émaillées.

18 — Petite châtelaine Louis XVI en or, à chaînettes losangées avec parties émaillées, dont une à sujet champêtre, elle est munie d'une clef et d'un cachet Travail de Genève.

19 — Petite montre Louis XVI en or émaillé à rosace, perles, feuillage et bandeau gros bleu.

20 — Médaillon Louis XIII formé d'une topaze entourée de roses, avec attache à nœud de rubans.

21 — Montre Louis XIV à double boîtier en argent repoussé à sujets et ornements. Signée : *Mauris fecit*.

22 — Montre Louis XIV à double boîtier en argent repoussé représentant un hymen.

23 — Montre à cuvette en cuivre émaillé vert à fleurs.

24 — Tour de coù Louis XVI en stras à nœuds de
rubans et garni d'un pendantif terminé par un
saint esprit.

25 — Une plaque de pendantif en stras.

26 — Deux boucles Louis XVI de forme carrée et cin-
trée en stras.

27 — Deux petites boucles rondes Louis XVI en stras.

28 — Parure en marcassite avec médaillons de verre
bleu, composée d'un collier, deux boucles d'oreilles
et deux attaches ovales.

29 — Un camée, tète de guerrier, monté en épingle
en or.

30 — Un autre, tète d'homme barbu.

31 — Une épingle Louis XVI en or formée d'un médaillon à deux faces peint en grisaille et simulant
deux camées.

ARGENTERIE

32 — Soupière Louis XVI de forme ovale à deux anses, en argent ciselé à feuillages, le bouton du couvercle formé d'une pomme de pin.

33 — Sucrier de style Louis XIV à deux anses de feuillages et à quatre petits pieds de bouc, en argent repoussé et gravé à frise d'ornements avec coquilles.

34 — Deux flambeaux de style Louis XVI en argent ciselé, à tige cannelée ornée de feuilles d'acanthe et de guirlandes de fleurs, le binet en forme de vase.

35 — Une paire de flambeaux Louis XV en argent repoussé à moulures contournées, tige triangulaire à coquilles.

36 — Deux autres paires de flambeaux Louis XV en argent, d'un modèle analogue aux précédents.

37 — Une paire de flambeaux Louis XIII en argent repoussé, à base carrée ornée de quatre mascarons ciselés.

38 — Une paire de flambeaux Louis XIV de forme octogonale à moulures.

39 — Grande cafetière Louis XIV en argent, à trois pieds recourbés à palmettes et à bec ciselé à ornements.

40 — Cafetière Louis XIV en argent uni.

41 — Cafetière Louis XVI en argent uni, le goulot terminé par une tête d'oiseau.

42 — Moutardier Louis XVI en argent estampé à figures d'amours tenant un écusson, et un autre moutardier en argent découpé à grille.

43 — Deux tasses à déguster le vin et une petite boîte cassolette en argent repoussé.

44 — Un huilier de style Louis XV en argent ciselé à branches de vigne et de laurier.

45 — Deux saucières de style Louis XV, à trois petits pieds, en argent repoussé et ciselé à ornements, et un sucrier en cristal garni d'argent.

46 — Une ménagère en argent découpé garnie de six flacons de cristal, une tasse et une soucoupe en argent guilloché et une petite cafetière en argent uni.

47 — Deux figures d'applique en argent repoussé : La Prudence et Bellone. xviie siècle.

48 — Deux bagues en or ciselé, l'une ornée de deux
chevaux et d'un diamant table, l'autre ornée d'une
rose.

49 — Une montre Louis XVI en or ciselé à fleurettes
avec cercle émaillé de rouge.

BRONZES D'ART
ET D'AMEUBLEMENT

50 — Grande pendule Louis XIV avec socle de suspension en marqueterie de cuivre sur écaille,
garnie de bronzes et surmontée d'une figure du
Temps.

51 — Pendule Louis XV, avec son socle de suspension,
plaquée d'écaille verte, garnie de bronzes et surmontée d'une figure de Chinois.

51 *bis* — Petite pendule Louis XV en marqueterie de
cuivre sur écaille garnie de bronzes et surmontée
d'une figurine d'enfant.

52 — Cartel Louis XV en bronze, composé d'ornements rocaille et de fleurs avec figurine d'enfant
au-dessus du cadran.

53 — Cartel Louis XVI en bronze, à guirlandes de
lauriers et surmonté d'un vase,

54 — Pendule Louis XVI en bronze doré représentant
une figure de femme, allégorie de l'Étude.

55 — Pendule Louis XV en bronze doré, à figure allé-
gorique tenant un médaillon représentant un
portrait de femme. Socle en bois noir orné de
grecques et de rosaces.

56 — Petite pendule Louis XVI en marbre blanc et
bronze doré, à groupes d'attributs et surmontée
de deux colombes.

57 — Deux candélabres Louis XVI composés chacun
d'une figure d'amour en bronze vert, debout sur
un socle en marbre blanc et bleu turquin, et
tenant un bouquet de rinceaux à trois lumières
en bronze ciselé et doré.

58 — Deux petits candélabres Louis XVI formés de
figures de nymphes drapées, en bronze vert, tenant des bouquets à quatre lumières, socles en
marbre blanc.

59 — Deux girandoles Louis XVI à trois lumières en
bronze.

60 — Deux autres girandoles en bronze à trois lumières.

61 — Deux statuettes en bronze vert : Voltaire et
J.-J. Rousseau, socles en marbre bleu turquin
garnis de bronzes dorés. Époque Louis XVI

62 — Deux petits groupes en bronze Louis XIV :
L'Amour capricieux et l'Amour domptant la
Force. Socles en marbre blanc.

63 — Deux chenets Louis XVI en bronze, modèle
à vases et festons.

64 — Deux paires d'appliques en bronze rocaille à
deux lumières ; une paire est argentée.

65 — Une paire d'appliques Louis XVI à deux lumières en bronze.

66 — Deux brûle-parfums Louis XVI de forme
ovale, en marbre blanc avec piédouche et culot en
bronze doré. Le couvercle, découpé à jour, est
terminé par une grappe de mûres.

67 — Deux flambeaux Louis XVI en bronze, à pyra-
mides.

68 — Garniture de commode en bronze rocaille.

69 — Une paire de chenets de style Louis XV à ornements rocaille et figures d'enfants, avec un porte-
pelle garni de ses accessoires.

70 — Une paire de chenets analogues aux précédents.

71 — Encrier en marbre noir avec chien en bronze.

72 -- Pendule et deux candélabres en bronze de style rocaille.

73 — Deux cornets en bronze dans le goût japonais.

74 — Deux candélabres de style Louis XVI en bronze ciselé et doré au mat, composés chacun de deux figures de femmes, d'après Clodion, supportant une cassolette d'où s'échappent six branches porte-lumières. Socle en marbre bleu turquin.

75 — Deux candélabres à cinq lumières, en bronze doré de style Louis XIV.

76 — Deux flambeaux Louis XIV en bronze ciselé à ornements.

77 — Deux appliques à trois lumières en bronze ciselé et doré de style Louis XIV, à mascarons, feuillages et guirlandes.

78 — Lustre à vingt lumières en bronze doré, les branches formées d'ornements rocaille et la tige ornée de trois figures d'enfants tritons.

79 — Galerie de foyer en bronze doré à figures d'enfants, avec pelles, pincettes et portoir.

80 — Deux lampes de chez Gagneau, formées de vases en porcelaine genre chine montés en bronze doré.

81 — Une suspension en bronze et sa lampe.

82 — Deux statuettes en bronze : Voltaire et J.-J. Rousseau, représentés assis. Socles en marbre.

83 — Statuette de femme tenant un enfant par la main, bronze à patine verte, socle en marbre griotte.

84 — Statuette d'Euterpe, en bronze de Barbedienne.

85 — Quatre grandes torchères en bronze doré, à trépieds ornés de têtes de femmes, et supportant un bouquet à douze lumières.

86 — Deux bouquets à six lumières de même style.

87 — Un surtout en cristal, revêtu de plaquettes de glace.

88 — Deux candélabres de style Louis XVI, avec œufs en marbre blanc, montés à trépieds et à dix branches, porte-lumières en bronze doré.

89 — Deux chenets à vases en bronze. Époque Louis XIV.

90 — Grande pendule de style Louis XIV, en bronze doré, modèle à sphinx et dais supporté par des balustres.

91 — Deux candélabres de style Louis XVI en bronze
doré, à sept lumières supportées par une nymphe,
accompagnée d'un amour.

92 — Deux chenets de style Louis XVI en bronze
doré, modèle à vase et galerie.

93 — Deux très grands candélabres de style Louis XV
en bronze doré, modèle rocaille à figures d'amours
et à quinze branches porte-lumière chacun.

94 — Six appliques de style Louis XIV en bronze
doré, et garnies de cristaux à seize branches porte-
lumière chacune.

95 — Deux torchères ou girandoles de mêmes style
et travail, à quatorze lumières chacune.

96 — Guéridon en bronze doré, garni sur le dessus
de plaques de porcelaine tendre moderne, représentant au centre le portrait de Louis XV, soutenu
par des amours et au pourtour seize portraits de
femmes célèbres.

97 — Porte-pelle garni en bronze doré.

98 — Garniture de cheminée du style Louis XVI, en
bronze doré, la pendule à deux figures et sphère
bleue, les candélabres à deux figures chacun, et à
sept lumières.

99 — Deux chenets de style Louis XVI en bronze
doré, modèle à cassolette et galerie.

100 — Deux flambeaux de style Louis XIV en bronze
doré.

101 — Deux candélabres, modèle rocaille en bronze
doré, à sept lumières et tige ornée de deux figures
nymphe et enfant.

102 — Deux flambeaux de style Louis XVI en bronze
doré, modèle à colonne.

103 — Garniture de cheminée de style Louis XVI en
bronze doré, composée d'une pendule à cage et de
deux candélabres à trois lumières et à trépied.

104 — Deux flambeaux du temps de l'empire, en
bronze doré.

105 — Deux petits chenets de style Louis XVI en
bronze doré, modèle à vase et enfant.

106 — Petit lustre à dix-huit lumières, en bronze et
cristaux.

107 — Suspension en bronze verni, à dix-huit lumières
et trois lampes.

108 — Petit lustre de style Louis XVI en bronze, à
douze lumières.

109 — Garniture de cheminée du temps de Louis XVI
en bronze doré et marbre blanc, la pendule à
pilastres et figures de femmes, représentant la
Comédie et la Tragédie, les candélabres à figures
de femme, supportant trois branches porte-
lumières.

OBJETS DIVERS

110 — Beau piédestal Louis XVI en marbre blanc,
et fleur de pêcher, à quatre colonnes cannelées et
moulures sculptées à oves.

111 — Une poire à poudre en os gravé, travail alle-
mand du xviie siècle.

112 — Une paire de pistolets d'arçon Louis XIV,
garnis d'ornements en argent.

113 — Une paire de pistolets d'arçon Louis XIV,
garnis d'ornements en cuivre.

114 — Deux pistolets de poche et une paire d'étriers
Louis XV, en cuivre.

115 — Une poire à poudre en corne, garnie d'un
trophée en cuivre et un hausse-col Louis XV, en
cuivre gravé.

116 — Un petit coffret Louis XIII en écaille, garni de
ferrures en argent gravé.

117 — Un couteau de chasse à poignée en galuchat
et un autre avec poignée en cuivre doré.

118 — Un tambour de basque.

119 — Une flûte et un flageolet en ivoire.

120 — Une pochette avec son archet, dans son étui.

121 — Une mandoline ancienne, incrustée de nacre.

122 — Un coffret ovale en ivoire sculpté à sujets de la
Passion.

123 — Un vidrecome en ivoire sculpté en bas-relief
à figures.

124 — Trois bouteilles en verre gravé, de travail hol-
landais.

125 — Quatre verres de Venise et cinq pièces en
verre de Bohème gravé.

126 — Un huilier en verre de Bohème avec ses
flacons, et une bonbonnière en verre de Bohème
vert.

127 — Deux potiches en faïence de Delft, à décor
bleu.

128 — Trois boutons japonais, composés de figurines
en ivoire.

129 — Deux petites figurines d'enfants et un petit flacon en porcelaine de Saxe.

130 — Une boîte à jeu en bois verni, et deux petits écrans brodés.

131 — Une tasse en porcelaine de Sèvres moderne, un sucrier en saxe, une tasse en porcelaine allemande et sept pièces en porcelaines diverses.

132 — Un bénitier vénitien en cuivre et argent, appliqué d'ornements de corail.

133 — Vase en porcelaine moderne, décoré de paons et de fleurs avec rehauts d'or.

134 — Trois figurines et un petit groupe en biscuit.

135 — Deux miroirs ovales en verre gravé à figures, avec bordures en verre de Venise à fleurs en relief.

136 — Plateau rond en vieux japon, monté en bronze de style rocaille.

137 — Bol en porcelaine moderne du Japon garni en bronze.

138 — Presse-papier en marbre avec médaillon ovale en porcelaine, à bouquet de fleurs.

MEUBLES ANCIENS

ET MODERNES

139 — Régulateur Louis XIV en bois noir, garni de bronzes, mascarons, feuillages, chutes et têtes chimériques.

140 — Petite commode Louis XV à deux tiroirs, en bois de placage, garnie de bronzes.

141 — Commode Louis XV en bois de rose, marquetée à filets et grecque, garnie de bronzes.

142 — Commode Louis XV en bois de rose à six tiroirs, poignées et entrées de serrures en bronze rocaille, dessus de marbre rance.

143 — Armoire normande Louis XVI en chène sculpté à ornements et groupes de colombes.

144 — Meuble de salon du temps de Louis XIV en bois sculpté et doré en partie, garni de damas de soie jaune moderne.

Il est composé d'un petit canapé, dix fauteuils et quatre chaises.

145 — Quatre galeries de fenêtre de même style que

le meuble qui précède, et deux paires de rideaux en damas jaune.

146 — Deux consoles Louis XIV, en bois sculpté et doré en partie, dessus de marbre blanc.

147 — Table de même style que les consoles qui précèdent, dessus de drap vert.

148 — Commode Louis XIV à trois rangs de tiroirs, en marqueterie de cuivre et d'ivoire, à figures, fleurs et ornements. Elle est garnie de poignées et d'entrées de serrures en bronze ciselé à mascarons et rosaces.

149 — Écran Louis XIV, en tapisserie au petit point, représentant le sujet de Philémon et Baucis.

150 — Deux glaces à bordures Louis XIV, en bois sculpté et doré en partie.

151 — Une autre de même modèle, celle-ci avec cadre complètement doré.

152 — Commode Louis XIII, en marqueterie de bois à fleurs, garnie de poignées et d'ornements en bronze.

153 — Petit bureau à casier, de style Louis XV, en bois de rose marqueté à fleurs et orné de bronzes dorés.

154 — Pendule Louis XV et son socle de suspension en bois sculpté et doré à ornements rocaille.

155 — Une petite causeuse et deux fauteuils Louis XV, en bois sculpté et doré, garnies de damas bleu.

156 — Bureau surmonté d'une vitrine en bois de rose garni de moulures en bronze ciselé, dans le goût Louis XV.

157 — Petit bonheur du jour, forme Louis XV, en marqueterie de bois de rose orné de bronzes.

158 — Deux jardinières en bois de rose ornées de bronze de style rocaille.

159 — Petite table, forme Louis XV, en bois de rose, ornée de bronzes dorés, dessus de tapisserie au point à sujet Watteau.

160 — Un petit chiffonnier à cinq tiroirs en bois de rose orné de bronzes.

161 — Ameublement de salle à manger, en chêne sculpté, composé d'une console dressoir, une table, un buffet à deux corps à portes pleines, deux buffets vitrés du haut, une table, douze chaises garnies de velours d'Utrecht grenat.

162 — Belle commode Régence de forme contournée,

en placage de palissandre, richement ornée de
bronzes, dessus de marbre.

163 — Grande armoire de style Louis XIV fermant à
deux portes et garnie de panneaux de laque à
fond rouge et décors d'or.

164 — Paravent japonais à quatre feuilles en laque
brun à décor d'oiseaux et d'arbustes en or et couleurs. Le revers est garni de glaces.

165 — Commode de forme contournée décorée de
fleurs peintes sur fond verni vert et à dessus
de marbre jaune de Sienne.

166 — Deux petites chaises pliantes de style Renais-
sance, en bois sculpté, couvertes de velours de
Gênes à fleurs grenat sur fond jaune d'or.

167 — Canapé couvert en satin grenat capitonné.

168 — Petit secrétaire à porte à abattant, et à tiroirs en
bois noir marqueté et à colonnettes détachées aux
angles.

169 — Meubles de salon de style Louis XIV, en bois
sculpté, rechampi de blanc et rehaussé de dorure,
couvert en damas de soie groseille ton sur ton.
Il se compose de trois canapés, huit fauteuils et
six chaises.

170 — Trois grandes consoles de style Louis XV, en bois sculpté rechampi de blanc et rehaussé de dorure, avec dessus de marbre blanc.

171 — Deux tables de salon de forme ovale, de même style et travail, sur quatre pieds reliés par une entrejambes à X.

172 — Meuble de salon de style Louis XV, en bois sculpté peint en blanc et rehaussé de dorure, couvert en damas bleu clair. Il se compose de deux canapés, un divan, quatre fauteuils, quatre chaises et deux chaises légères.

173 — Grande table à manger en bois noir et moulures dorées, avec rallonges.

174 — Dix-huit chaises de style Louis XV en bois sculpté peint en noir et rehaussé de dorure, couvertes de damas de soie jaune d'or.

175 — Quatre étagères ou servantes en bois sculpté peint en noir et or; à deux tiroirs chacune.

176 — Trois chaises légères et deux tabourets, variés de formes et d'étoffes.

177 — Deux petits bras appliques de style Louis XIV en bronze à deux lumières et à figures d'amours.

178 — Deux grandes consoles de style Louis XVI en bois d'acajou.

179 — Deux tables à jouer en acajou.

179 bis — Chaises en acajou, couvertes en velours vert.

180 — Bibliothèque en bois noir à deux corps et à huit vantaux dont quatre pleins et quatre vitrés.

181 — Table à écrire de même travail.

182 — Petite table à volets également en bois noir.

183 — Deux fauteuils, quatre chaises, un canapé et un divan en bois noir couverts en velours vert.

184 — Deux petits meubles en bois de rose garnis de bronze et à une porte vitrée chacun.

185 — Table de milieu en bois d'acajou sculpté. Style Louis XVI.

186 — Quatre chaises couvertes en damas de soie vert clair.

187 — Deux commodes italiennes en bois noir avec incrustations d'os gravé.

188 — Deux meubles Louis XV fermant à deux portes garnies de glaces et encadrées de moulures en bronze ciselé.

189 — Commode fermant à deux portes avec tiroirs à l'anglaise et un autre meuble formant bureau enrichi d'incrustations de cuivre, de nacre et d'ivoire.

190 — Meuble de chambre du temps de l'Empire en acajou et bronze, composé d'un lit, un canapé, deux fauteuils et quatre chaises couvertes en velours bleu.

191 — Une petite vitrine d'applique en acajou à moulures de bronze.

192 — Trois cadres, dont un en bois noir.

193 — Armoire à quatre portes en chêne sculpté à figures d'enfants et groupes de fruits.

194 — Meuble chinois formant étagère dont les panneaux sont sculptés à jour à fleurs et oiseaux, sur base à quatre pieds.

195 — Toilette Louis XVI en placage de bois de rose.

196 — Grande armoire Louis XIII à moulures et pilastres à chapiteaux.

197 — Une jardinière en laque et bambou, une étagère en marqueterie moderne, un guéridon en
marqueterie et divers objets mobiliers modernes.

198 — Une petite table à ouvrage en bois de rose à
médaillon de fleurs marqueté.

TAPISSERIES

199 — Suite de trois tapisseries de Flandres, représentant des sujets bibliques dans de larges bordures
composées de groupes de fruits, guerriers et médaillons d'oiseaux. — Haut., 3 m. 10; larg., 4 m. 30;
3 m. et 2 m. 35.

200 — Six coussins en tapisserie à fond jaune, décorés
de fleurs et d'ornements, et présentant dans les
angles des chiffres couronnés se détachant sur un
fond bleu clair. Époque Louis XIV.

201 — Écran en bois noir, garni d'un morceau d'étoffe
ancienne à fleurs de couleurs sur fond jaune et
rehaussée de parties tissées en argent.

202 — Quatre grands rideaux, six portières et deux
lambrequins en damas ponceau.

2o3 — Quatre rideaux, deux portières et deux lambrequins en damas bleu clair.

2o4 — Six rideaux et trois lambrequins en damas de
soie vert clair.

2o5 — Quatre rideaux, deux portières et deux lambrequins en damas de soie jaune.

2o6 — Huit portières et leurs embrasses en tapisserie
d'Aubusson moderne.

2o7 — Quatre rideaux en moquette.

2o8 — Médaillons en moquette ancienne pour meuble
de salon.

TABLEAUX

2o9 — Plafond ovale peint sur toile, et de l'école
française du xviiie siècle. Il représente l'apothéose
du roi Louis XIV, représenté avec les attributs de
Jupiter. — Long., 3 m. 33; larg., 1 m. 93.

21o — Attribué à C. Maratti. — Judith tenant la tête
d'Holopherne.

211 — École hollandaise. — Portrait de femme à mi-corps, en corsage noir à grande collerette.

212 — Genre de Netscher. — Portrait de femme présentant une orange.

213 — Genre de N. Maas. — Portrait de femme.

214 — Genre de Lancret. — Deux petits tableaux : Scènes galantes.

215-217 — Sept tableaux de diverses écoles.

218 — Deux dessins signés de Le Paön et datés de 1776. Scènes de combats.